VUE DE WEPENER.

LA FRANCE AU SUD DE L'AFRIQUE

I

Si, dans le partage de l'Afrique (1), le sud du continent noir appartient aujourd'hui exclusivement aux Anglais, grâce à l'extension de leur colonie du Cap, la France peut cependant revendiquer un rôle actif dans l'influence morale qui, plus efficacement que la conquête territoriale, contribue lentement, mais progressivement, à la civilisation des races indigènes de l'ancienne Cafrerie. Cette influence date de loin. La révocation de l'édit de Nantes, au dix-septième siècle, détermina quelques huguenots français, échappés aux dragonnades, à émigrer vers ces contrées lointaines où, avant eux, des réformés hollandais avaient déjà trouvé un refuge. Le « coin français » subsista malgré les bouleversements et les guerres qui se succédèrent dans l'Afrique australe. Lorsque, à la suite des coups de force, des raids, des annexions violentes, des tueries et des écrasements, la Cafrerie, morcelée, eut disparu de la carte, il y eut toujours, parmi les naturels, soumis maintenant à des jougs différents, un souvenir de ces idées françaises si généreuses semées au milieu d'eux et une sympathie des plus sincères pour les missionnaires de France, hommes de bien en même temps qu'hommes de prière. Ces sentiments sont demeurés vivaces, et l'on peut s'en convaincre par les résultats de nos missions évangéliques, entre autres dans le Bassoutoland.

(1) Voir *Partage de l'Afrique*, par Victor Deville. (Librairie africaine et coloniale Joseph André et Cie.)

C'est peu de temps avant l'avènement de Louis-Philippe qu'en 1829, les premiers apôtres de l'Évangile abordèrent au Cap, où, chaleureusement accueillis par les descendants des huguenots, ils établirent plusieurs stations. A cette époque, le pays des Bassoutos, connu depuis sous le nom de Lessouto, était complètement ignoré de l'Europe, et même des colons européens, anglais, boers, etc. Une incursion des Koranas et des Griquas, dans les steppes s'étendant entre le littoral de l'Océan et la chaîne des Maloutis, révéla l'existence de ces tribus riveraines du Caledon, tributaire de l'Orange. Un chef des Bassoutos attaqués, Moshesh, suivit le conseil des Hottentots, ses voisins, en demandant l'aide de la mission française. Trois missionnaires, MM. Casalis, Arbousset et Gosselin, qui venaient d'arriver au Cap, répondirent à cet appel. Ils traversèrent courageusement les immenses solitudes qui, au nord-est, séparaient les possessions anglaises des hauteurs des Maloutis, où les Bassoutos luttaient avec désespoir contre leurs ennemis : « Nous ne savons que faire pour fuir les Koranas, disaient ces tribus accablées par le nombre; nous ne pouvons pas monter au ciel, nous ne pouvons pas nous enfoncer dans la terre. »

Moshesh s'était retiré, avec ses plus intrépides guerriers, sur la montagne de la Nuit (*Thaba Bossiou*), où était sa capitale. Son courage et son héroïsme lui donnaient un grand prestige non seulement aux yeux de son peuple, mais même parmi ceux qui l'assaillaient. M. Casalis invoqua ce respect pour faire cesser les hostilités et y parvint. Les missionnaires, en récompense de cette intervention, reçurent de Moshesh l'autorisation d'établir dans le Lessouto une station qu'ils appelèrent Morija. Quand elle fut fondée, en 1833, il y avait longtemps que les Bassoutos étaient passés de l'état nomade à l'état sédentaire. Les missionnaires se mirent à l'œuvre avec énergie, et leur zèle triompha par la patience. M. Casalis a raconté lui-même (1) ce qu'il entreprit et accomplit pendant ses vingt-trois années de séjour dans le Lessouto, et aucune lecture n'est plus instructive. Il s'agissait de transformer les mœurs de ces populations primitives, sans recourir à des innovations brutales, mais en tirant parti de tout ce qui, dans les coutumes et les conceptions jusqu'alors familières aux indigènes, pouvait servir à les amener peu à peu à l'abandon de leurs croyances superstitieuses et grossières et de leurs instincts sauvages. Les Bassoutos se distinguaient par leur douceur et par leur dévouement fanatique à leur chef. Ils avaient, quoique sans contact avec les colons, une sorte d'organisation sociale dans laquelle on rencontrait des points d'analogie avec nos institutions civilisées, des notions primitives de la justice et de l'autorité, du droit et même du devoir; ils étaient hospitaliers, reconnaissants des bienfaits reçus. A ces tendances se joignait l'esprit barbare, qui viciait les dispositions favorables au progrès : la passion de la guerre contrastant avec la placidité du caractère, et la férocité dominant les penchants à la bonté. Ces mêmes hommes, qui se montraient empressés pour rendre service aux missionnaires, reprenaient leurs danses guerrières aussitôt après, et, farouches, poussant des hurlements, brandissant leurs zagaies, menaçaient les naturels d'une tribu voisine que le hasard conduisait au milieu d'eux, dans leur kraal.

Il fallut aux « pères de France », comme ils les surnomment aujour-

(1) *Les Bassoutos*, ou vingt-trois années de séjour et d'observations au sud de l'Afrique, par E. Casalis, ancien missionnaire. 2e édition, 1860.

d'hui, employer d'incessants efforts et prodiguer les sacrifices pour les civiliser : tout d'abord se rendre maîtres de leur langue, en saisir le génie, et, en la parlant, l'écrire et leur faire entendre la signification de cette écriture ; puis ouvrir des écoles et les décider à y venir écouter les « secrets des blancs ». De pas en pas, on avança de la sorte, mais non sans difficultés et sans obstacles, dans la route tracée par des mains infatigables. L'école de Thaba-Bossiou compta, au bout de deux ans, quelques élèves intelligents des deux sexes, qui devinrent des moniteurs. Les missionnaires accrurent ainsi leur propagande. Les écoles répandirent dans tout le pays les premiers éléments de l'instruction, de l'éducation et de la foi. Ce fut le point de départ de la régénération des Bassoutos. La parole jetée dans le cœur de ces sauvages y germa. Les *baroutis* (missionnaires) se firent aimer, et cet attachement fut un grand instrument de la conversion. L'ambition de M. Casalis et de ses compagnons était de faire de l'Église du Lessouto la fille de l'Église réformée de France, et ils y réussirent, du moins en partie. « Le voyageur qui pénètre dans les grands temples de Thaba-Bassiou ou de Morija pourrait, écrivait M. Frank Puaux en 1882, voyant le pasteur, entendant les chants sacrés, se croire dans quelque temple de nos Cévennes, si bientôt la face noire des assistants ne lui rappelait qu'il se trouve dans la vieille Afrique. »

II

Les Bassoutos sont, avec les Griquas, tout ce qui reste des Cafres que, suivant l'expression saisissante de M. Edouard Foà (1), l'Europe a dévorés en moins de trente ans. La Cafrerie formait encore, en 1858, un royaume important comprenant les territoires actuels suivants : le sud du Transvaal et du pays de Gaza, avec Lourenço Marquez, la moitié est de l'État d'Orange, le Swaziland, le Zoulouland, Natal, le Griqualand est, le Pondoland et le Bassoutoland. Mais, bien des années auparavant, ce royaume avait été rogné, à mesure que les premiers occupants s'étaient vu déposséder du sol. Une émigration de Boers avait fait main basse, en 1835, sur toute la région située au sud et au delà des monts Drakenburg. Plus tard, le Transvaal avait pris sa part de conquête. Puis, le Cap, multipliant les déprédations, était venu enlever à la Cafrerie toute sa partie sud jusqu'à la Kei-River, et placer sous son protectorat le Griqualand est, le Pondoland, le Tembouland, le Transkei. Le fer, le feu, le massacre, détruisaient les indigènes et leurs villages. Le sang des Cafres rougissait l'eau des rivières, inondait les plaines et les vallées. « On passait ainsi partout, comme sur les cartes, la teinte rouge de l'annexion. » (Ed. Foa.) Le Natal, le Zoulouland, le Swaziland étaient des proies trop belles pour ne pas exciter les convoitises des conquérants, toujours prêts à faire la guerre sous les plus futiles prétextes, et même sans autre motif que de faire prévaloir la raison du plus fort. Les Bassoutos représentaient plus de la moitié des 300,000 habitants cafres qui peuplaient, en 1858, le royaume. Faisant de l'élevage du bétail leur principale ressource, ils comptaient leurs troupeaux par milliers de têtes, et leurs pâturages étaient si abondants, que souvent ils devaient

(1) Ed. Foa, *Du Cap au lac Nyassa*. (Plon, Nourrit et Cie.)

les incinérer pour les débarrasser de la luxuriance des herbes immenses qui les couvraient.

Les Boers de l'État libre d'Orange envahirent le Lessouto en 1865 et, pendant les années qui suivirent, ruinèrent plusieurs des stations de missionnaires, dont ils pillèrent la bibliothèque de Thaba-Bossiou. Neuf des missionnaires furent expulsés, et l'œuvre de l'apostolat, qui avait déjà coûté 3 millions de francs, eût été totalement perdue si les Bassoutos, bien que la plus grande partie du pays eût été annexée, n'eussent tenu tête, pendant trois ans, à leurs ennemis. L'Angleterre, cédant à la pression de la France impériale, en 1868, prit le Lessouto sous sa protection et intima l'ordre aux Boers de cesser leurs agressions. Ce protectorat n'était, au vrai, qu'un premier mode de faire entrer les Bassoutos dans l'orbite coloniale britannique, mais Moshesh, sans s'y tromper, vit dans cette mesure la sécurité de son peuple. Le vieux chef ne se dissimulait pas, toutefois, les dangers qui pouvaient en résulter pour l'avenir du pays qu'il avait gouverné si remarquablement. Il savait par quels procédés les Anglais civilisent les noirs, et il redoutait, non sans raison, que la protection ne reposât, comme au Cap, que sur la disparition plus ou moins rapide des races indigènes, disparition dans laquelle l'importation des spiritueux est un des facteurs les plus décisifs. Aussi stipula-t-il, dans les clauses du protectorat accepté, qu'aucune liqueur forte ne se vendrait dans le Lessouto.

La paix permit aux stations évangéliques de réparer leurs ruines, aux baroutis de reprendre leur tâche. Ils s'y dévouèrent avec une nouvelle ardeur.

« L'aspect du pays, disait M. Puaux (1) il y a dix-huit ans, ne rappelle plus, en effet, les jours où MM. Casalis, Arbousset et Gosselin, arrivant à Morija, allumaient de grands feux pour se défendre des attaques des lions qui leur enlevaient leurs meilleurs chevaux à quelques pas de leur campement. Aujourd'hui, les arbres qu'apportèrent les premiers missionnaires, s'élevant au-dessus des maisons de la mission et les couvrant de leur ombre, font penser involontairement aux beaux vergers de la Normandie. Le temple, qui domine à son tour les grands arbres, est comme le centre de la petite cité, et autour de lui se groupent les maisonnettes propres et blanches des indigènes. Sur la hauteur s'élève l'école normale, pépinière des instituteurs africains, entourée de constructions européennes; non loin de là, l'école primaire montre sa belle façade neuve. Si on regarde au loin, on comprend, à la vue des champs habilement cultivés, que la civilisation a remporté là un de ses plus beaux triomphes (2). »

III

Le Lessouto ou Bassoutoland, protégé par les Anglais depuis 1868, a conservé son régime social primitif, basé sur la vassalité de tout le

(1) *Les Bassoutos*, par Frank Puaux. (G. Fisbacher, Paris.)

(2) En 1875, les Bassoutos étaient déjà entrés dans la voie de la civilisation. Ils possédaient 2,749 charrues, 299 wagons, 39,357 chevaux, 28,194 bœufs de trait, 195.530 vaches et veaux, 203,000 brebis et moutons, 215,445 chèvres, 15,635 porcs. Ils exportaient plus de 100,000 hectolitres de blé et plus de 200,000 balles de laine.

peuple et la suzeraineté d'un chef dépositaire du pouvoir suprême. Cette suzeraineté est moins absolue que le prétendent certains ethnographes. Elle a sa source dans le consentement populaire bien plus que dans la sujétion, et elle s'appuie sur la confiance. Moshesh, son fils Letsié, qui

TYPES SUD-AFRICAINS.

lui succéda, et Lerothodi, fils aîné de Letsié, le *mokuéna* (chef) actuel du Lessouto, ont toujours, dans les affaires de grande importance, consulté le peuple réuni en assemblée (*pitso*).

Les Bassoutos, qui font partie de la grande famille des Béchuana, se subdivisent en tribus désignées par des noms d'animaux : *bahlapis* (poissons), *bataungs* (lions), *bakuénas* (crocodiles), etc. Ils se distribuent sur un territoire qui, d'après les dernières statistiques approximativement exactes, a une superficie à peu près égale à celle de la Belgique. La population actuelle est de 218,903 habitants, dont 578 blancs. Les missions françaises évangéliques ont, grâce à leurs 15 grandes stations, auxquelles sont reliées leurs 150 annexes, un chiffre de 14,000 indigènes chrétiens. La mission anglicane et la mission française catholique des Oblats de Marie Immaculée, dont les œuvres remontent à une trentaine d'années, ont fait également un certain nombre de conversions.

Parmi les stations protestantes, il faut citer surtout l'église d'Hermon. Fondée en 1853 par M. A.-M. Dyke, quand tout était encore à entreprendre, dans ce pays où n'arrivait aucune marchandise européenne, et où les échanges entre naturels se faisaient au moyen de perles, de boutons et d'étoffes, comme maintenant au Zambèze, elle se développa d'année en année. M. Dyke eut pour successeur, en 1866, M. Rolland, dont M. Ellenberger prit ensuite la place. Puis vinrent M. Casalis, M. Diéterlen. En 1887, l'Église d'Hermon eut pour pasteur M. Frédéric Christol. Ce dernier avait toutes les qualités de l'âme française : l'initiative, la résolution, la conscience du but à atteindre et la ferme volonté d'y parvenir. L'Église d'Hermon lui doit, depuis bientôt onze ans, sa prospérité. Elle est l'une des plus nombreuses du Lessouto avec ses 1,020 membres, ses 379 catéchumènes et ses 887 écoliers. Ce missionnaire a été, pour ainsi dire, toute sa vie un militant. Entré dans l'armée française, il était au siège de Paris en 1870, puis, l'année qui suivit, en Kabylie, lors de l'insurrection, dans la colonne du général Saussier. De retour à Paris après sa libération, il profite de ce repos pour devenir, sous la direction du peintre Gérôme, en même temps qu'un artiste de talent, un de nos plus brillants illustrateurs. Mais sa vocation l'entraînait. Il alla délibérément là où il y avait à agir, à faire du bien. Durant les quatorze ans qu'il a vécu parmi les nègres bassoutos, il a été un pionnier du christianisme. Sous le drapeau de la mission protestante, il a servi deux causes qui honorent : celle du progrès et celle de l'expansion du renom français. Personne mieux que lui ne pouvait nous donner la physionomie du Lessouto et des Bassoutos; son livre : *Au sud de l'Afrique*, où la plume de l'écrivain captivant se marie au crayon du dessinateur habile, est un des plus attachants qui aient paru sur ces tribus nègres dont nous savons si peu de choses récentes, et moins encore de choses vues.

Charles Simond.

VILLAGE DES BASSOUTOS.

LES BASSOUTOS (1)

I

Hermon, octobre.

Nous avons profité de la présence d'un collègue nouvellement venu d'Europe pour faire une promenade à pied.

Nous gravissons d'abord les collines du Lessouto (2), qui dominent la station, et bientôt nous arrivons au sommet de la plus éloignée et de la plus haute de ces éminences, qui s'étendent jusqu'au Calédon et que les Boers désignent sous le nom de Jammersberg — montagne des Soupirs — sur laquelle il y avait des lions il y a à peine plus de cinquante ans!

Nous sommes à plus d'une heure de la station, et au point où nous sommes arrêtés, il y a un amas de pierres qui indique la frontière de l'État libre de l'Orange et du Lessouto. La vue qu'on a de ce point est certainement la plus belle qu'on puisse avoir dans le pays, et forme un panorama des plus complets.

(1) Ces pages sont empruntées, avec l'autorisation de l'auteur et des éditeurs, à l'ouvrage récent intitulé : *Au sud de l'Afrique*, par Frédéric Christol (Paris et Strasbourg, Berger-Levrault et Cie). Nous devons également à la gracieuse obligeance de l'auteur les dessins qui accompagnent le texte et qu'il a faits lui-même au Bassoutoland d'après nature. (C. S.)

(2) Remarquons, en commençant, que *Lessouto* désigne la contrée; le *sessouto* est la langue; *Mossouto* indique un individu, tandis que *Bassouto* est le pluriel de ce mot. (F. C.)

Comme nous n'avions pas à craindre le vent que nous avions là-haut ce matin, ni l'ardeur du soleil qui nous rôtissait si généreusement, nous pouvons nous arrêter à loisir et chercher à nous orienter. Au sud, c'est-à-dire à droite, nous avons la frontière de l'État libre, indiquée par des pierres fixées en terre, reliées par du fil de fer et dont le développement s'étend à perte de vue jusqu'aux collines lointaines des environs de Mohale's Hoek,

CHEF DES BASSOUTOS.

magistrature située non loin de la station de Béthesda. Du même côté, nous apercevons les collines derrière lesquelles se trouvent les stations de Siloé et Thabana-Moréna. Non loin de là, au bas des montagnes, on voit une ligne d'ombre. Ce sont les eucalyptus de Maféteng, une autre des sept magistratures du pays : elle est à une heure et demie d'ici; c'est là que nous envoyons, une fois par semaine, chercher la poste; c'est aussi un bureau télégraphique depuis deux ans environ.

Sur la gauche de Maféteng, au pied de la montagne ronde, est la station de Makéneng, la plus voisine d'Hermon. Un peu plus bas. et sur la route qui va de Maféteng à Wepener, petit village boer dans l'État libre, s'élève, isolée, la colline de Qalabane (vous êtes prié de prononcer la première syllabe de ce nom avec un cla-

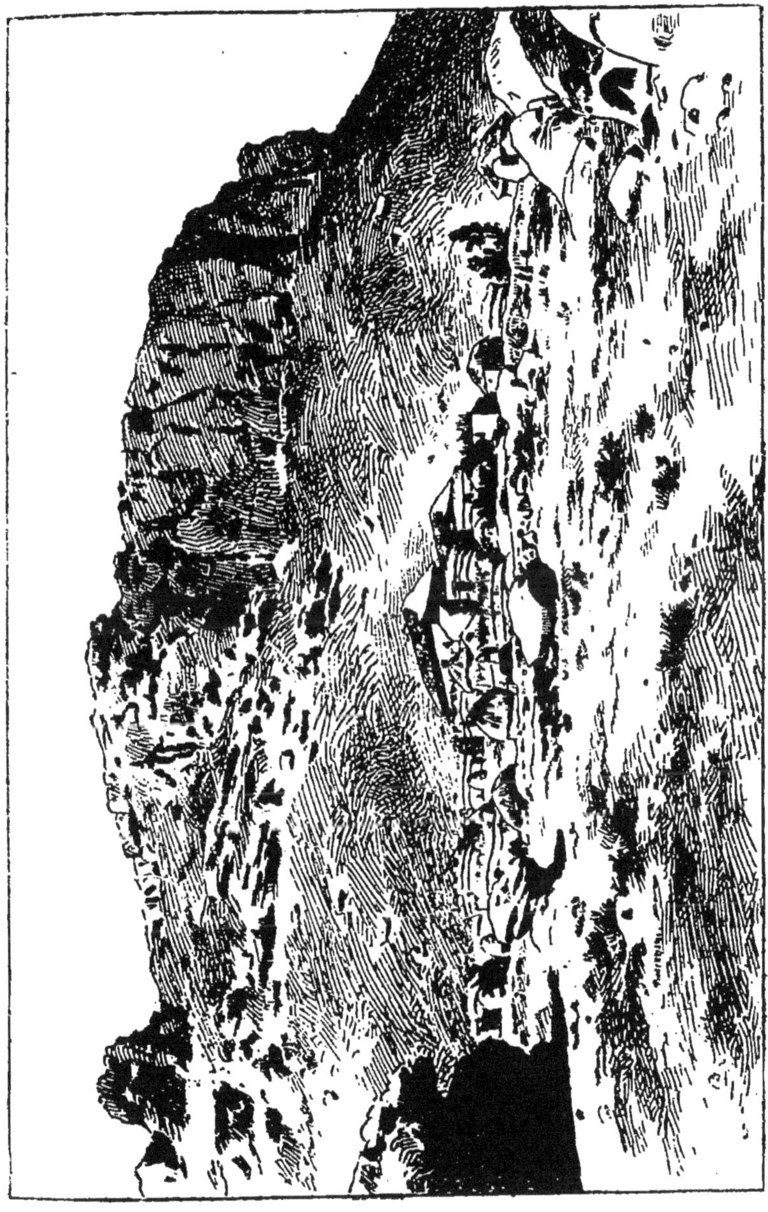

MATSIE, VILLAGE DU CHEF LETSIÉ.
(D'après une photographie du Dr G. Casalis.)

quement de langue). C'est là qu'a eu lieu une bataille relativement célèbre entre les Anglais de la colonie et les Bassoutos, lors de la guerre de 1880, et où ceux-ci ont battu ceux-là. Nous avons à cet endroit, depuis peu, une annexe importante; on peut même, avec de bons yeux et de la bonne volonté, apercevoir la chapelle.

En face de nous, l'horizon est borné par la chaîne des Maloutis, appelée *monts Kouatlamba* sur les cartes françaises, ou montagnes Bleues.

Sur la gauche, on remarque deux petites pointes faisant partie de cette chaîne de montagnes; juste au-dessous de ces deux pics il y a une ligne horizontale : c'est le plateau de la montagne de Mankhoarané, au pied de laquelle est située la station de Morija, la plus importante de notre mission, à environ quatre heures d'ici à cheval. Beaucoup plus à gauche se dresse Kolo, l'une des plus belles montagnes du pays; à sa droite se profile celle de Machache, non loin de laquelle se trouve la station de Thaba-Bossiou. Tout à fait à gauche, en suivant la longue montagne plate de Qémé, nous pourrions arriver à la station de Bérée; puis à Maseru, siège du résident général et des services administratifs. En nous tournant toujours vers la gauche, on voit briller du côté du nord les méandres du Calédon, puis çà et là on distingue, dans l'État libre, des fermes de Boers. Les moulins de Robertson, établis non loin d'ici, près d'un beau pont en fer, le seul dans la contrée, se voient très distinctement; mais le village de Wepener (1) est caché par les plis de terrain. Enfin, à l'horizon, les plaines sont sillonnées de collines qui s'étendent dans les directions de Ladybrand, Bloemfontein, Smithfield et Aliwal. Quant aux collines dont le nom sessouto est *Qibing* — Pierres de Bushmen — elles cachent la station d'Hermon, mais en revanche les arbres ne dérobent pas le paysage, car dans toute la contrée on ne voit que ceux des jardins plantés par les missionnaires ou par des indigènes plus clairvoyants que les autres.

Comme il n'y a pas de chemin de fer dans la contrée, nous n'avons donc pas à prendre l'allure de gens qui ont peur de manquer le train. Aussi, tout en descendant, nous pouvons nous amuser à faire rouler de grosses pierres jusqu'au bas de la montagne, distraction qui ne coûte pas cher, et dont usaient avec un certain succès, aujourd'hui même, deux de vos amis...

Si vous préférez, cherchons des tortues, des hérissons ou des moufettes, ou bien encore collectionnons des sauterelles : il y en a de toutes sortes; ou encore des mantes religieuses, ou des « rhinocéros », insectes rouleurs de boules de fumier, proches parents des « scarabées sacrés », si chers aux anciens Égyptiens; à moins que vous ne préfériez des scorpions, des tarentules et autre menu gibier aussi alléchant. Quant à espérer voir des singes, n'y comptez pas, on n'en trouve plus que dans les Maloutis; les antilopes même sont rares; cependant, il y a deux ans, on a tué une gazelle tout près de la chapelle, à Hermon. Je vous conseillerai plutôt de sucer le suc des curieux aloès qui nous entourent et dont les fleurs

(1) Ce village doit son nom au commandant de l'armée des Boers tué à l'assaut de Thaba-Bossiou, lors de la guerre de 1865.

ou fruits sont justement mûrs à cette époque. Vous vous barbouillerez de pollen jaune, cela est certain, mais ce suc a un si bon goût de sirop de gomme, qu'il vous consolera et vous rafraîchira par la même occasion.

II

Hermon, 16 juillet.

Notre hiver est particulièrement désagréable cette année; peut-être est-ce un contre-coup de celui de l'Europe? Nous avons des pluies inouïes pour la saison; la dernière pluie a duré cinquante heures de suite! Ce matin, c'est de la neige comme nous n'en avons jamais vu dans ce pays. Vraiment, ce n'est guère la peine de vivre au sud de l'Afrique pour y avoir de la neige comme en Suède! Qu'on vienne maintenant nous parler de la « brûlante Afrique »! Je serais capable de me fâcher pour me réchauffer un peu!

Vous devinez bien que pour nos Bassoutos un temps comme celui-là n'est pas réjouissant, car ils ne sont pas installés pour se garantir du froid, ni vêtus d'une manière suffisante; aussi il faut voir : dans chaque hutte il y a un petit feu et les membres de la famille, assis et recoquillés les uns contre les autres, semblent avoir pris pour devise que l'union fait la... chaleur. Tout cela dans une fumée qui me pique les yeux, rien que d'y penser.

Ce rigoureux hiver n'est pas seulement un ennui pour les indigènes, il est aussi une cause de pertes sérieuses : le bétail souffre de ces pluies et de ce froid et meurt en quantité. Aussi tel qui était riche en été peut se trouver, à la fin de l'hiver, être un pauvre sire n'ayant ni sou ni maille, c'est-à-dire ni bœufs ni moutons. Une autre difficulté sans cesse renaissante, c'est la question du charbon en usage dans le pays. Quand je dis « charbon », c'est par pure politesse, car on trouve le nôtre partout où le bétail passe... Puis il faut le faire sécher — pas le bétail, le charbon — et bâtir soigneusement en tas ce précieux combustible à l'abri, dans un endroit sec, tout à fait comme si l'on avait peur qu'il ne s'enrhume. Heureux ceux qui ont du *disou!* Ceux qui en manquent essayent d'en acheter, ce qui coûte de 15 à 20 francs la charge. Par un hiver humide comme celui que nous avons, le « disou » n'est pas facile à avoir, aussi brûle-t-on ce qu'on peut : vieilles ou neuves caisses, rafles d'épis de maïs, etc.

III

Hermon, 26 décembre.

Au moment où je vous écris, on moissonne les blés; notre petit jardin, qui commence à nous donner des légumes, a un riant aspect; nous avons aussi quelques fleurs : des roses, des lis, ainsi que des dahlias, des passe-roses, etc. Il y a certaines fleurs dans les champs qui sont assez jolies : quelques-unes de la famille des iridées, d'autres de celle des liliacées, dont l'une, appelée par les indigènes « lehutla », est une grande plante ayant beaucoup de ressemblance avec le lis, à part qu'elle n'est pas si blanche, ni si

JEUNE FEMME DE LESSOUTO.

belle, et qu'elle a une odeur désagréable. Quant à la campagne, qui est sans arbre, elle essaye d'être aussi agreste que ses moyens le lui permettent. En temps de sécheresse, elle a une teinte jaunâtre, tandis que peu après de bonnes pluies elle est d'un vert d'épinard qui ne semble pas naturel, et qui du reste dure peu.

En cherchant bien, on peut arriver à découvrir des coins pittoresques qui respirent une fraîcheur qu'on ne s'attendrait pas à rencontrer dans ce pays, et surtout pas à Hermon. Par exemple : le chevet de l'église d'Hermon se reflétant dans le petit étang de la station…

LE CHEVET DE L'ÉGLISE D'HERMON.

Mais, malgré tous ces avantages, l'été a peut-être en quelques manières des inconvénients plus grands que ceux de l'hiver. Heureux quand les sauterelles ne nous rendent pas visite pour détruire en quelques instants, comme elles ont fait l'an dernier, des récoltes impatiemment attendues.

D'autres fois, on peut avoir dans sa maison une invasion de fourmis, ce qui n'est nullement régalant pour les envahis... Je pourrais aussi vous parler des mouches et de leurs cousins les moustiques, mais j'ai mieux que cela.

Pensez que dans la chambre d'où je vous écris, j'ai tué l'an dernier trois serpents! Puis une dizaine près de la maison; plusieurs assez grands, d'un mètre de long, peut-être; des noirs, des jaunes, des rayés, des tachetés, enfin pour tous les goûts.

L'été africain a, comme vous pouvez facilement vous l'imaginer,

Des jours mêlés de plaisirs et de peines,
Mêlés de pluie et de soleil.

Ce qui est aussi le cas des étés et même des hivers européens.

Un autre danger résultant de l'abondance des pluies, c'est quand « les rivières se tiennent debout », autrement dit quand elles sont pleines, ce qui n'est nullement récréatif pour la majorité des voyageurs... Je me souviens un jour que je me rendais à Béthulie, village boer né de la station, fondé par notre collègue M. Pélissier, dans l'État libre d'Orange, avoir eu à traverser une rivière grossie par les pluies dans une caisse courant sur un câble fixé aux deux rives! Combien il est préférable de traverser l'eau « à la mode de chez nous », c'est-à-dire sur un pont!...

IV

Nous avons eu l'autre jour une intéressante visite dont je veux vous donner quelques détails.

D'abord sachez bien que notre visiteur n'était ni un savant, ni un personnage plus ou moins décoré, mais seulement un pauvre vieux aussi peu célèbre que possible, à peu près aveugle et conduit par deux jeunes moutards à mine éveillée et barbouillée. Cet ami nommé Malrace porte aussi le nom bizarre de *Morapudumo*, « le fils du gnou », et vient de temps en temps nous voir, car c'est une chose connue même au Lessouto que les amis se visitent quelquefois.

Nous avons donc reçu « le fils du gnou » de notre mieux : en lui offrant une place au soleil, car il avait froid dans la maison, puis une tasse de thé et une croûte de pain, plus une chemise, un « five-o-clock » tout à fait complet, comme vous voyez!

Le susdit ami est intéressant à entendre : c'est un témoin de l'ancien temps, et il a tant à raconter! Mais je vous dirai en confidence que je crois qu'il brode un peu sans s'en douter; à cela s'ajoute aussi la tendance que nous avons à trouver mauvais le présent et si beau le passé!

Cependant on aime à l'écouter parler du temps lointain, quand le pays était bien moins peuplé que maintenant et que les gnous, buffles, hippopotames, éléphants et autres grosses bêtes vivaient dans nos parages, alors aussi que les lions se cachaient dans les hautes herbes, près d'ici; mais quand le narrateur essaye d'imiter le rugissement de ces derniers, il y a presque de quoi se sauver!

Il n'y a plus de trace de toute cette époque; il n'en reste que quelques peintures à peine visibles, faites par des Bushmen dans des cavernes, les tombes des anciens chefs Bassoutos sur la montagne de Thaba-Bossiou et quelques vieillards qui en ont gardé un souvenir plus ou moins clair.

Le costume de l'ancien temps, fait de peaux tannées, a disparu ou à peu près, pour faire place aux vêtements européens plus aisés à se procurer.

Il n'y a plus de *terrain qui s'ennuie*, comme on dit en sessouto, c'est-à-dire ne servant à rien; tout est champs labourés ou pâturages. Selon que le disait dernièrement un correspondant de journal politique (1) : « Le Mossouto, guerrier indomptable, souvent même féroce, a déposé pour toujours la massue et la zagaie; il s'instruit, cultive et devient agriculteur. »

Mais que de bouleversements ont agité la contrée et que de guerres ont décimé la population avant que le pays arrive à posséder une paix comme celle dont nous jouissons depuis quelques années! Que de faits sont devenus en un demi-siècle des dates historiques pour les Bassoutos, car la plupart avaient ou sauvé ou menacé l'existence de leur nationalité!

Mais il me semble — et à vous aussi peut-être — que nous oublions pas mal notre ami « le fils du gnou », dont l'histoire particulière peut nous donner une idée de ce que les vieillards de ce pays pourraient vous raconter.

Celui-ci ignore la date de sa naissance, comme presque tous les indigènes; mais il est né, m'a-t-il dit, lors des *difaqané di hlaha*, ce qui veut dire « au commencement des anciennes guerres », peut-être vers 1815. Ses parents, qui vivaient du côté du Mont-aux-Sources, se joignirent à la bande que le chef Sébétouané, bien connu de Livingstone (2), conduisait vers le nord et qui, après bien des péripéties, finit par atteindre le Zambèze et par imposer la langue sessouto aux Barotsis. L'arrière-garde des gens de Sébétouané fut attaquée et dispersée par les Matabélés et les parents de notre ami tués par ceux-ci; quant à lui, il fut recueilli par des

(1) *Journal des Débats*, juin 1895.
(2) Exploration dans l'Afrique australe.

Koranas, qui firent de lui un esclave, ainsi que d'un autre Mossouto nommé Matlakala, mort depuis peu à Hermon. Ces deux infortunés étaient battus bien plus souvent qu'à leur tour, et si

FACTEUR INDIGÈNE.

durement traités qu'ils s'enfuirent une nuit, traversèrent le Vaal à la nage et se réfugièrent chez des Boers établis par là. Enfin « le fils du gnou » eut encore pas mal d'aventures et d'épreuves, et vécut sans se soucier beaucoup de son âme et sans que personne

LE COMBAT DES BASSOUTOS AVEC LES ZOULOUS.

(D'après une peinture originale d'un artiste du Lessouto.)

l'aidât à y penser. Il savait seulement qu'il y avait des missionnaires dans son pays natal, mais ce ne fut que longtemps après qu'il y retourna, et encore plus longtemps après qu'il prit à cœur les choses de Dieu.

V

Les Bassoutos diffèrent beaucoup des Matabélés, Zoulous et autres peuplades guerrières de l'Afrique méridionale; ils sont plutôt laboureurs et bergers et de mœurs sensiblement plus paisibles que par le passé.

Les salutations expriment même un peu cette différence; le Mossouto dit simplement : *dumela*, c'est-à-dire : « Crois à ma bienveillance, à mon amitié »; tandis que l'autre lance à tout passant un *sakabona*, qui signifie « nous t'avons vu ! »

Les villages, qui sont très nombreux au Lessouto, sont aussi en général fort petits, mais chacun possède un *Ra-Motsé*, père du village, le plus souvent « fier comme un dindon » et qui, ordinairement, est devenu chef assez aisément, car le premier il s'est établi dans un endroit quelconque, avec l'autorisation d'un des principaux chefs du pays, fils ou petit-fils de feu Letsié. Ces « pères du village », qui en sont aussi les maires, rendent la justice de leur mieux; mais pour les cas graves on se rend ensemble chez le chef du district, d'où l'on peut faire appel à Lerothodi, le chef principal du pays, qui décide en dernier ressort.

Les peines consistent en amendes à payer en moutons ou en bœufs. Les cas de vols, d'introduction d'eau-de-vie dans le pays, de meurtres, etc., sont jugés par les magistrats. En fait de jugements, les indigènes en voient parfois de curieux. Il n'y a pas très longtemps que le petit chef Ranko (le père du nez !) condamna un de ses subordonnés à payer cinq têtes de bétail pour avoir empêché la pluie de tomber !

J'ai probablement moi-même échappé de bien peu à une condamnation pareille, car, chose grave, j'avais peint sur un rocher, près d'un sentier, les mots *Molimo o lerato*, « Dieu est amour », ce qui, au dire des païens des alentours, produisit une sécheresse persistante que la pluie vint heureusement terminer avant une accusation publique.

Les affaires se règlent ordinairement en *pitso*, le « Kabary des Malgaches », assemblée de tous les hommes d'un district ou de toute la tribu, selon l'importance des questions à traiter. Les principaux chefs jouissent du droit de convoquer des *matséma*, c'est-à-dire d'appeler les hommes pour labourer et sarcler leurs champs gratis.

Les Bassoutos ne sont pas des travailleurs acharnés, et l'on peut dire, sans leur faire tort, que les mots « travailler comme un nègre » n'ont pas été spécialement cités à cause d'eux; cependant ils ne ressemblent pas tout à fait aux Tartares, dont un voyageur disait dernièrement « qu'ils possèdent à fond l'art de ne rien faire ». Les hommes d'un village, tant chrétiens que païens, n'étant pas pris par les travaux des champs, se tiennent le plus souvent au *Khotla*. C'est un enclos de pierres ou de roseaux qui correspond un peu au forum des anciennes villes romaines. C'est là qu'on rend la justice, qu'on arrange des mariages et qu'on bavarde à l'infini. Dans d'autres moments, des païens y fument du chanvre, qui enivre un peu comme l'opium, ou bien y font leur méridienne; les gens adroits y vont coudre un pantalon de peau de bœuf ou une paire de chaussures appelées *velschoen* par les Boers. En automne, chacun se fabrique des *sesious*, sortes de grands paniers d'herbes dans lesquels on garde le grain.

Les chefs et les conseillers qui y trônent sont les grands soutiens des coutumes païennes, qui sanctionnent leur polygamie et président à leurs fêtes bruyantes. Ce sont eux aussi les meilleurs clients du *ngaka*, médecin sorcier pour lequel, comme pour ses collègues du Japon, « le cas le plus grave en médecine est celui où le malade n'a pas d'argent.

Le paganisme actuel est certainement en décadence; il se transforme, devient pire peut-être à bien des égards; néanmoins beaucoup de païens nous sont favorables, envoient leurs enfants à l'école, viennent à l'église et répéteraient volontiers ces mots de l'un d'eux à un de nos amis : *Ke modene oa Fora!* « Je suis un païen des Français », autrement dit : « J'aime les missionnaires français et. sans suivre leurs enseignements, j'approuve ce qu'ils disent. »

Les Bassoutos, comme l'ont constaté les premiers missionnaires, sont simples, vifs, communicatifs et possèdent une sorte de tact qui ne les abandonne jamais. L'aménité de leur caractère rend l'évangélisation plus aisée dans leur pays que dans bien d'autres contrées plus civilisées. Les chefs qui nous témoignent ouvertement de l'hostilité et refusent de nous recevoir sont rares. Bien souvent j'ai fait, pour ma part, l'expérience de ce bon vouloir des indigènes et de leurs chefs, soit pendant des courses dans les environs de la station, accompagné des enfants de l'école, soit par la manière dont étaient reçues les remontrances que je devais présenter à ceux-ci ou bien à ceux-là.

La façon de réunir un auditoire est fort simple; pas besoin d'affiches ni du « tambour de ville ». Après avoir parlé avec le chef du village, on met les deux mains à sa bouche en manière de porte-voix et l'on crie : *Thapelong!* — A la prière! — Peu à peu on voit, de-ci de-là, des têtes apparaître, et bientôt un petit auditoire est devant vous. Quelquefois cela est encore plus simple : visitant un jour le village de Nkoro, j'arrive au *Khotla* et ne trouve personne qu'un homme en train de faire un *sesiou*. Après les salutations que se doivent les gens bien élevés, et sans doute aussi après quelques questions sur le temps et les prochaines récoltes, je me mis à faire un croquis dudit vannier. A peine avais-je fait quelques traits, qu'arrivait l'un, puis l'autre, si bien que le portrait de Masolé était à peine esquissé que tout le village ou à peu près était autour de nous!

NGAKA, MÉDECIN SORCIER.

VI

Voyageant en Palestine il y a plusieurs années, il m'est arrivé souvent de voir une main grossièrement dessinée ou peinte au-dessus d'une porte; fort intrigué, je tâchai de savoir ce que cela pouvait bien signifier, et j'appris que cette main devait empêcher la maladie d'entrer ou la mort d'approcher de la maison.

Les païens Bassoutos ont aussi des superstitions dignes de celles des Arabes : on ne doit pas aller dans les champs lorsqu'il y a des nuages, cela attire la grêle; pour éloigner celle-ci, il suffit de planter en terre de petits piquets arrangés de certaine façon près des champs. En temps de sécheresse, que ne font pas les païens! Les *ngaha ea pula*, médecins faiseurs de pluie, déploient dans cette occasion toute leur science, qui se résume dans leurs costumes, leurs osselets divinatoires et des boniments de charlatans. Si les incantations ne réussissent pas dans la plaine, c'est qu'il est nécessaire d'aller chercher la pluie sur la montagne...

Il y a des médecins contre les épidémies, il y en a d'autres très utiles pour aller à la guerre. Je me souviens avoir vu un chef du nord du Lessouto, lors d'une échauffourée, marcher à l'ennemi le visage enduit d'une certaine médecine devant détourner les balles de sa personne. Les médecins indigènes ne ressemblent pas du tout à leurs collègues de France, qui ne sont que docteurs en

VUE DE LA STATION D'HERMON.

médecine; ceux d'ici sont sorciers, c'est-à-dire qu'ils peuvent soi-disant guérir d'abord toutes les maladies, mais en plus découvrir les objets perdus, éloigner la foudre et la grêle, dévoiler l'avenir, indiquer la personne qui a jeté un sort à une autre, etc. Pour cela le bagage scientifique n'est pas grand; le petit collier d'osselets ou « ditaola » représenté ci-après suffit amplement; la confiance des malades doit cependant avoir une certaine limite, puisqu'on donne en sessouto le même nom de *lefu* à la maladie et à la mort! La manière dont lesdits osselets sont tournés, quand on les jette, indique l'endroit où se trouve le cheval ou le bœuf égaré ou volé, ou le coupable de sorcellerie, etc. Le plus clair de tout cela, c'est le mouton ou le bœuf qui sont le payement du

« docteur ». Tout ceci n'est pas exagéré ; combien de païens qui. dès qu'ils sont malades, se croient ensorcelés! Il n'y a pas longtemps qu'un chef est mort après une vie déréglée, mais plutôt que de reconnaître la vérité, on a accusé plusieurs personnes de lui avoir jeté un sort, et elles ont été obligées de déguerpir au plus vite, de peur qu'on ne leur fît un mauvais parti.

VII

Letsié, fils de Moshesh, était un grand chef ou un petit roi. Il est mort ces derniers temps, à *Matsieng,* c'est-à-dire dans le village qu'habitait le chef avec la plupart de ses nombreuses femmes.

Ce village est l'un des plus grands du Lessouto ; il est situé à trois quarts d'heure, à cheval, de la station de Morija. C'est seulement depuis quelques années qu'une annexe de Morija est établie à Matsieng, Letsié s'y étant refusé pendant longtemps. Il y a là un groupe de chrétiens et une école assez fréquentée ; mais malgré cela on peut affirmer, sans crainte de se tromper, que ce village était l'une des forteresses du paganisme dans ce pays.

Nos pauvres chefs bassoutos, tant dans leurs maisons que dans leur vie, ont encore bien des améliorations à réaliser. La civilisation et ses avantages ne leur ont pas fait faire jusqu'à présent de grands progrès sous le point de vue moral.

Le peu de décorum des chefs n'empêche pas cependant leurs sujets de les traiter avec beaucoup de considération. Ils prennent même parfois des expressions orientales pour leur parler. J'entendis un jour un de nos chrétiens dire en public à Lerothodi, fils aîné de Letsié : « Il n'y a personne qui puisse paraître devant le lion sans trembler! » Un autre disait : « Devant toi, chef, nous ne sommes que des paquets de vêtements! »

Nos potentats, somme toute, de Lerothodi au moindre chef de village, ne sont pas fiers, et cela est un grand avantage, car on peut leur parler et leur dire quelquefois des vérités sans qu'ils se fâchent par trop.

Envers nous, leurs missionnaires, les chefs font assez souvent de leur mieux pour nous montrer de la déférence ; mais hâtons-nous d'ajouter que ce bon vouloir n'est pas général, de plus il est bien intermittent.

Je me souviens de la cordiale salutation de bienvenue que m'adressait, lors de ma première visite à Thaba-Bossiou, Masoupa. le frère de Letsié : « Ponchoure, mocheux! » Son français n'était pas très brillant, mais ce chef faisait ce qu'il pouvait pour être aimable. Il portait, lorsqu'il était en grande tenue, des épaulettes de capitaine de pompiers qui lui donnaient tout à fait grand air. J'avais convoqué, un certain jour, le chef Potsane Mohale à une réunion dans la chapelle qui est près de son village. J'eus peine à le reconnaître à son arrivée; je ne pouvais me figurer que le monsieur si bien mis et ganté de frais (!) qui s'avançait vers moi fût le même que je voyais habituellement attifé de très pitoyable façon. Un des chefs de Bahlapis, établis au sud du Lessouto, allant un dimanche à l'église, vêtu d'une grande couverture rouge, était suivi de ses principaux hommes, dont l'un portait au bout d'un bâton le pantalon du chef qui, un peu à l'écart, se hâta de l'enfiler pour aller saluer son missionnaire!

VIII

Parlons maintenant des femmes indigènes.

D'abord, vous vous doutez bien de la grande différence qu'il y a entre les Bassoutoses selon qu'elles sont chrétiennes ou païennes. Ce n'est pas seulement le vêtement qui est autre; c'est surtout l'éducation et la manière d'être.

La jeune fille païenne est élevée dans le paganisme; cela va de soi, mais il est peut-être bon de le rappeler.

LES OSSELETS MAGIQUES.

Elle soigne le bébé pendant que sa mère travaille dans les champs; elle va à la fontaine; elle s'enduit de graisse et d'ocre rouge, assiste aux disputes journalières de son père, prend part à toutes les superstitions, et se rend à toutes les fêtes de danse et d'ivrognerie des environs.

De bonne heure elle quitte la hutte paternelle pour aller *mopatong*, autrement dit, pour aller vivre quelques mois à l'écart, avec d'autres jeunes filles de son âge, sous la direction d'une vieille sorcière...

Les *balé*, nom qu'on donne aux jeunes filles habitant la hutte nommée *mopato*, s'attifent d'un costume qu'on peut sans exagérer qualifier d'étrange, et qui probablement vous effrayerait quelque peu : une sorte de natte en guise de voile sur la figure, un bâton à la main et une grande couverture composent leur accoutrement.

Le mariage qui suit de près ces coutumes sera réglé à l'insu de la pauvre païenne, et au plus grand profit des père, frères et oncles, qui doivent recevoir une vingtaine de bœufs, dix moutons et un cheval du père du jeune homme.

Tout autre est, au moins en général, l'histoire de la fille élevée par des parents chrétiens.

Elle va à l'école primaire, apprend à coudre et peut-être aussi à tricoter. Devenue grande, elle a sa petite hutte ou bien sa petite chambre, tenue bien en ordre, ornée de gravures découpées dans des journaux illustrés, ou même de peintures de son cru, ce qui est bien plus original.

Les fiançailles arrivent, puis le grand jour du mariage. La

COLLINE DE GALABANE.

mariée, tout en blanc, gantée pour la première fois de sa vie, est tout émue. Son mari est à ses côtés, ganté aussi; son costume est généralement noir et sa tenue très digne, surtout si ses chaussures neuves ne lui meurtrissent pas trop les pieds. Derrière sont des garçons et des demoiselles d'honneur, le cortège des parents et amis et la foule des admirateurs, tous amateurs sérieux de la viande des deux ou trois bœufs tués à l'occasion de la fête.

La femme partage avec son mari les travaux des champs, mais à cela s'ajoutent bien d'autres devoirs : coudre les vêtements des enfants, moudre le grain et, chose assez remarquable, soit dit entre parenthèses, sur un moulin semblable à celui employé en Égypte il y a plus de trois mille ans!

Il faut aussi fréquemment *smirer* la maison, c'est-à-dire passer, à l'intérieur comme à l'extérieur, une légère couche de terre mélangée à de la bouse de vache...

Bien des femmes indigènes ont du savoir-faire, et souvent une réelle habileté, non pas seulement pour la couture, le repassage ou dans la confection de belles nattes ou d'autres objets, mais pour la poterie, où, sans le moindre ébauchoir et le plus petit moule, elles deviennent fort habiles.

Les alcarazas de leur fabrication ne le cèdent guère à ceux

ELIÈLE ET RÉBEKA (GROUPE DE MARIÉS).

d'Espagne et de Ténériffe. Ces ouvrières en « l'art de terre », à part tous les pots d'usage ordinaire, donnent à leurs œuvres des formes capricieuses imitant des marmites, bouilloires et tasses très heureusement rendues..., ou bien des formes encore plus curieuses qui seraient tout à fait capables de rendre jaloux les anciens potiers étrusques.

Quant aux fours usités par ces artistes, ils sont des plus primitifs; on couvre de *disou,* c'est-à-dire de bouse sèche, l'objet à cuire, et on laisse le feu faire le reste.

Ici, comme ailleurs, la mère de famille est le centre du foyer. Bien des Bassoutos pourraient, sans nul doute, répéter les mots que le brave évangéliste Asser Sehahabane disait, il y a quelque temps, dans une réunion : « Si je suis un chrétien, c'est aux enseignements de ma mère que je le dois! »

Enfin, les femmes d'évangélistes et d'instituteurs sont de vraies conseillères pour leurs maris, qui ne feraient rien sans les consulter. Leurs enfants bien élevés, et leur maison tenue en ordre, les font vite connaître et respecter par ceux qui les voient.

IX

Les anciens Bassoutos, qui, avec leurs armes, boucliers et ornements de guerre, devaient avoir l'air de gros hannetons en colère, seraient profondément étonnés, s'ils revenaient, de rencontrer un de nos chrétiens, ses lunettes sur le nez, lisant la Bible ou le *Leselinyana* (la petite lumière), journal bimensuel imprimé à Morija. Que diraient-ils d'en voir un autre — un de nos instituteurs peut-être — mettant sa montre à l'heure et parlant d'aller porter de l'argent à la caisse d'épargne du bureau de poste le plus voisin? Quelle ne serait pas la stupéfaction d'un de ces ancêtres, en entrant dans certaines maisons de ses arrière-petits-enfants, de voir quelques volumes sur une planche, puis, près de la table, d'apercevoir quelques chaises ou escabeaux et des gravures coloriées bien voyantes égayant les murs? Dans la chambre à côté, il entreverrait un lit en fer, un peu de vaisselle bien rangée sur une caisse façonnée en armoire.

Notre ancien n'y comprendrait rien et trouverait que tout cela est bien loin de l'ocre rouge, qui suffisait aux besoins de luxe du temps passé, loin aussi des turpitudes du paganisme, où le « yoala », bière enivrante, était le seul idéal recherché de tous; bien loin encore du temps des guerres qui, si fréquemment, décimèrent la tribu et qui, parfois, étaient suivies d'actes de cannibalisme.

Les Bassoutos sont loin de savoir travailler le bois aussi bien que les Congolais ou les Zambéziens. Ils ne seraient pas non plus capables de faire ces jolis et singuliers bijoux, ouvrages des Sénégalais ou des Kabyles, mais ils ont cependant une certaine ingéniosité qu'il faut reconnaître, comme en témoignent maints petits travaux en bois, en fer, en cuivre, en os ou en corne. Je pourrais, entre autres, vous présenter une quinzaine de tabatières de toutes sortes, collectionnées par mon ami le plus intime, fort différentes, cela va sans dire, de celles de la collection Sauvageot, figurant au musée du Louvre, mais peut-être plus curieuses; il est dommage seulement qu'elles n'aient pas la même valeur! Les bracelets et surtout les broches méritent une mention spéciale; quelquefois, ces dernières ont la forme d'un bouclier, d'une grenouille, d'une hache, etc. Elles sont faites en cuivre ou en fer, mais on peut rencontrer des « bijoutiers » qui, avec des monnaies d'argent, font des bagues et des broches assez réussies.

Un collectionneur sérieux ne dédaignerait sans doute pas de posséder une pipe de la façon d'un Mossouto; non pas pour la fumer, fi donc! mais bien plutôt pour la placer à côté d'une canne en bois sculpté, d'une cuiller ou autre bibelot de même provenance. Les indigènes imitent aussi assez heureusement divers articles européens.

*
* *

Lors des premiers temps de la mission, une lettre était un événement fort émotionnant; celui qui en était chargé la fixait au bout d'un roseau fendu à son extrémité et la portait comme une bannière à son destinataire. De nos jours, le bureau de poste de Morija, pour ne parler que de celui-là, reçoit en moyenne de deux cent cinquante à trois cents lettres par semaine. Autre fait se rattachant à la poste : un indigène est chargé, à la suite d'un contrat passé avec le gouvernement, du service de la poste de Maféteng à Mohale's Hoek, et fait fonctionner ce service deux fois par semaine avec une rigoureuse exactitude, en se rendant compte de la responsabilité qui pèse sur lui.

Mais si je continue sur ce chapitre, je risque de m'étendre un peu trop, écueil que je veux éviter autant que faire se peut. Il faudrait vous parler des cultures, qui ont remarquablement progressé. Nombre d'indigènes cultivent, à la charrue, bien entendu, d'abord les céréales, puis aussi un peu les pommes de terre, les melons, les haricots, oignons, tabac, betteraves, etc.

Je devrais de plus vous mentionner les travaux des élèves de notre école industrielle de Leloaleng. Le beau bâtiment qui y figure a été inauguré il n'y a pas longtemps; il prouve en faveur de l'école et de ses élèves tailleurs de pierre, maçons et charpentiers. Les jeunes filles des stations comme Morija, Hermon, etc., sans oublier celles de l'école supérieure de Thaba-Bossiou, arrivent à tricoter des bérets qui se vendent très aisément et des bas presque aussi bien qu'une grand'maman européenne. Qui sait même si les blanchisseuses de Meudon ne seraient pas un peu jalouses de plusieurs de leurs émules du Lessouto, moins bruyantes probablement et tout aussi habiles?

X

Le petit village de Wepener, situé près d'ici, mais dans l'État libre d'Orange, est un endroit des plus civilisés; il y a une église réformée hollandaise en pierres de taille, avec un beau clocher muni d'une grosse horloge qui bat souvent la campagne, il est vrai, — nous avons tous nos défauts, — mais elle fait très bien dans le paysage, ce qui n'est pas toujours notre cas...

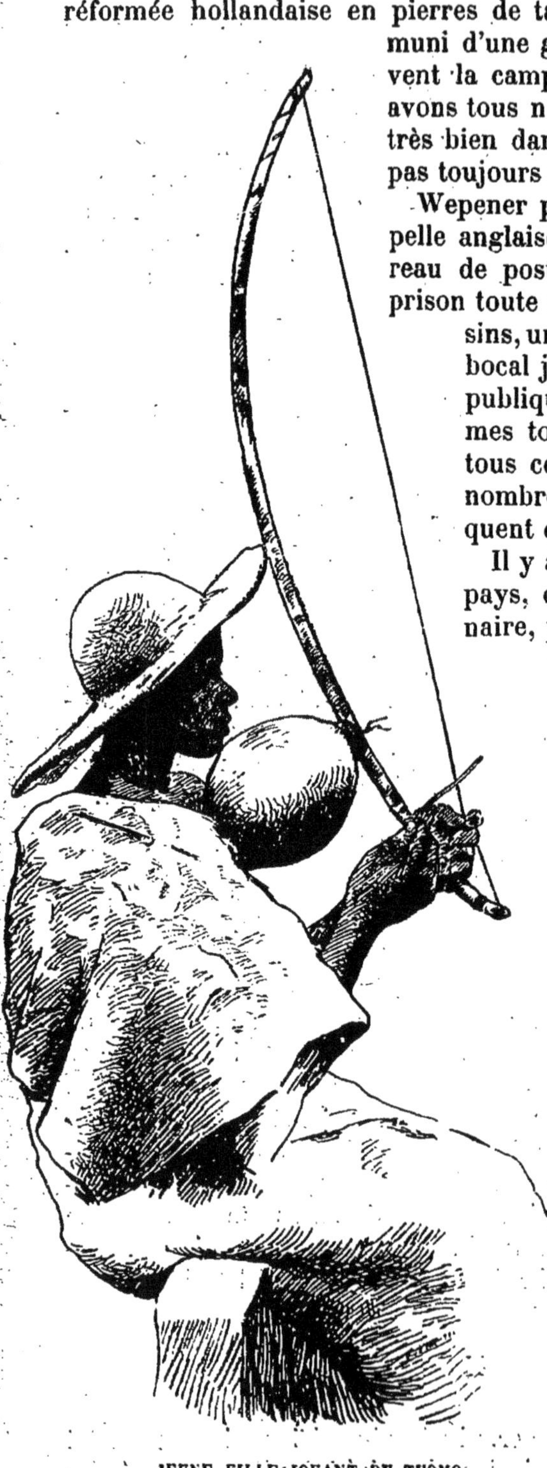

JEUNE FILLE JOUANT DU THÔMO.

Wepener possède également une chapelle anglaise en briques rouges, un bureau de poste et télégraphe, une belle prison toute neuve, quatre à cinq magasins, une pharmacie avec un grand bocal jaune, puis une bibliothèque publique comptant bien 200 volumes tous reliés, et, au milieu de tous ces efforts de la civilisation, nombre de Bassoutos ne remarquent que la « cantine » !

Il y a aussi des courses dans le pays, ce qui n'a rien d'extraordinaire, puisqu'il y a des Anglais et aussi des chevaux dans la contrée; ce qu'il y a de plus grave, c'est que le « pari mutuel », cette lèpre qui fait tant de victimes ailleurs, y apparaît déjà dans une certaine mesure, et que les indigènes ont trouvé moyen de s'y livrer! D'autres passent des heures enfermés dans une petite hutte, à jouer avec des cartes aussi graisseuses que le vêtement d'un Esquimau et semblent y prendre plaisir!

Les Bassoutos fument... Je ne vais pas médire des fumeurs ni de leurs amis les priseurs, ni m'ingénier à décider si priser ou fumer sont des qualités ou des défauts; mais, franchement, si la civilisation n'avait eu que la pipe ou la tabatière à introduire dans le pays, elle aurait aussi bien pu rester chez elle !

Si les Bassoutos commencent à aimer la toilette, ils aiment aussi les bijoux — encore une qualité qui est bien près d'être son contraire ; — leurs goûts sont encore simples, car ils se contentent de broches et de bracelets de cuivre ou de fer fabriqués par des « joailliers » indigènes ; cependant, les personnes plus fortunées se procurent chez les marchands des broches magnifiques ou des boucles d'oreilles et des bagues en « doublé », ornées parfois de diamants valant bien trente centimes les deux ! En fait de boucles d'oreilles, les Zoulous sont, je crois, les plus pratiques : on fait un trou dans le lobe de l'oreille et l'on y passe sa pipe ; cela est commode, peu coûteux et tout à fait distingué. Je ne dis rien des gants dont quelques Bassoutos commencent à se servir ; cependant cela fait un singulier effet de leur en voir, ceux que la nature leur a donnés leur allant si bien !

TÉTRÉA, JEUNE FILLE DU LESSOUTO.

Les élèves des écoles ont emprunté des jeux aux enfants blancs. Les garçons de l'école, à Hermon, jouent aux barres ou à saut de mouton, pendant que les fillettes sautent à la corde ou s'amusent aux osselets. Il n'y a rien à redire à cela ; j'aimerais même me joindre à eux si mes moyens me le permettaient. Mais ce que j'ai dû défendre, ce sont les mauvaises farces que les anciens élèves faisaient aux nouveaux arrivants. A l'école normale de Morija et ailleurs, on a aussi dû s'élever contre ces sortes de brimades ! Où les Bassoutos ont-ils pris ces sottes pratiques ? En tout cas, je vous prie de croire que je ne leur ai jamais fait confidence des vexations que j'ai eu à subir à l'École des beaux-arts quand j'étais le *nouveau*.

Dans combien d'endroits de la terre africaine pourrait-on répéter ces mots d'un missionnaire du Lessouto (1) : « Les blancs corrompent les sauvages et leur apportent des misères et des vices qu'ils ne connaissaient pas. » C'est justement ce que dit de son côté un écrivain (2) célèbre dans un livre connu : « Nous civilisons avec nos vices. »

Comme on comprend le roi chrétien Khama (3), du pays des Bamangouato, au sud du Zambèze, qui, voyant les progrès de l'eau-de-vie empoisonnant son pays, s'écriait : « Je redoute *la boisson du blanc* plus que toutes les assagaies des Matébélés ! »

Cela s'explique : les blancs donnant si souvent le funeste exemple de l'amour de l'argent et d'une soif immodérée de plaisir, comment les noirs ne les suivraient-ils pas, eux pour lesquels le premier blanc-bec venu est un modèle à imiter ?

Les missionnaires d'il y a cinquante ans n'ont eu affaire qu'à des païens, tandis que maintenant nous avons des Bassoutos non seulement incrédules, mais sceptiques, ce qui prouve une fois de plus que, s'il y a des païens par ignorance, il y en a d'autres qui le sont par choix.

Mais il y a des Bassoutos qui écoutent la voix de leur conscience ; le développement important des églises de ce pays est là pour en témoigner.

XI

On a fait des livres sur l'esprit de nos aïeux, sur l'esprit des Orientaux, des Latins, des Anglais, des Allemands, etc., on pourrait aussi faire un chapitre sur celui des Bassoutos, et il risquerait d'être long, car ceux-ci ne sont pas sots, loin de là ! Les Bassoutos n'ont peut-être pas de l'esprit comme nous l'entendons ; ils ne sauraient se livrer, par exemple, à la confection de calembours plus ou moins réussis, mais ils ont l'esprit ingénieux et du bon sens, aussi leurs observations et leurs reparties mériteraient souvent d'être citées. Le sessouto prête au pittoresque ; on dira, par exemple : « Les chemins sont secs », pour dire que personne n'y passe. La pointe d'un couteau s'appelle le nez. En sessouto on est mangé par ses dents ou son pied, selon qu'on a mal aux dents, au pied, etc. Un de mes amis était souvent « fini par son nez » ; autrement dit : il avait envie de priser. Parfois, il arrive que la lune et même le soleil « se pourrissent », mais cela n'a heureusement lieu qu'en temps d'éclipse. D'autres expressions témoignent d'une bonté évidente : un homme pauvre, — *motho và bathô*, — c'est l'homme

(1) *Pourquoi les missions*, par D. Hietlebern.
(2) Alphonse Daudet, *Tartarin de Tarascon*.
(3) Voir l'*Ami de la jeunesse*, septembre 1896.

des hommes; un vieillard — *monna moholo* — est un homme grand. Le voleur même devient « celui qui a faim »!

En sessouto les mots *mauvais* et *laid* sont synonymes; tandis que *beau* et *bon* le sont aussi, ce qui rentre tout à fait dans la doctrine de Platon! *Ho falla* veut également dire émigrer et mourir, et chez les Romains, si je ne me trompe, il en était de même.

Quant aux noms et surnoms, vous saurez que les Bassoutos sont très forts. Les fillettes appelées *Moselantja* — queue de chien — sont nombreuses; mais on rencontre facilement des noms tout aussi curieux. Une petite fille s'appellera : *Ntsehis'eng* — faites-moi rire: une autre *Ntadimeng* — regardez-moi; tandis que leur petit frère répondra au nom peu aimable de *Ntloheleng* — laissez-moi tranquille, — ou à celui de *Raboroko* — le père du sommeil, — que d'autres garçons peuvent également mériter. D'autres noms seraient tout à fait dignes de professeurs de philosophie : *Mothokang* — qu'est-ce que l'homme? — *Motsuahole* — celui qui vient de loin, — *Tsuahodimo* — celui qui vient d'en haut, — *Lefeela* — rien du tout, etc.

Les Bassoutos ne se gênent nullement pour donner aux blancs comme aux noirs des surnoms qui ne sont pas toujours très flatteurs. Un missionnaire sera nommé : *Paraseretsé* — le gâche-plâtre, à cause de ses expériences dans le bâtiment; tel autre que je connais bien devient : *Khiritla* — celui qui rugit; tandis que son ami correspond au nom de *Moyatsohle* — celui qui mange de tout, une grande qualité aux yeux des natifs. Une personne un peu vive sera appelée *Masesokolsane* — la mère du Tourbillon; un maçon à la figure embroussaillée portait, cela va sans dire, le surnom de *Tau ea Khale* — le vieux lion....

Quand les parents ont perdu des enfants, ils donnent au nouveau-né un nom aussi peu gracieux que possible pour faire peur à la mort. C'est pour cela qu'il y a tant de « Moselantja » et de *Kokonyana* — insectes; *ntja* — chien; il y a aussi des *Ntlo ea lefu* — maison de la mort; des *Malefulebe* — la mère de la mauvaise mort!

J'ai été dans le temps présenté à *Ntebaleng* — oubliez-moi, et à *Nguana-Tsuene* — enfant de singe! Par compensation sans doute on peut rencontrer *Thebé ea pelo* — bouclier du cœur, ou encore *Malehlokonolo* — la mère de la bénédiction, et *Mamatsediso* — la mère de la consolation.

La mimique des indigènes est aussi fort expressive : fermer la main, lever l'index et le courber, veut dire qu'on a faim et qu'on est fatigué. Un seul mot pourra souvent remplacer bien des explications: « Comment vont tes enfants? » demandais-je un jour au vieux Rantula, qui me répondait : « *Ba ntse ba phela ka itchou! itchou!!* » — Ils vivent en disant itchou! itchou! » — c'est-à-dire sont souffrants et se plaignent. Une autre fois, quelqu'un donnait une explication courte, mais suffisante du mariage : « *Monnaa ke hlolo, mosadi ke molala* — l'homme c'est la tête, la femme est le cou ! »

Il y a des natures poétiques; ainsi une grande paresseuse de notre voisinage s'écriait un jour d'un air de martyr : « Si je n'avais ni mains ni pieds, comme je pourrais être tranquille sans qu'on y trouve à redire ! »

En revanche, notre ami le missionnaire Dieterlen disait un dimanche à la vieille Madichaba : « Comment as-tu pu venir à l'église, toi qui ne peux pas marcher ? » Elle mit la main sur son cœur et lui répondit : « Mes pieds sont là ! »

Les Bassoutos s'amusent aussi à faire des devinettes; elles aident à passer un temps qu'on pourrait après tout plus mal employer :

— Deux princes qui n'arrivent jamais à se dépasser de deux pas ? — Les pieds.

— Des petits Bushmen qui mordent un homme et celui-ci enfle ? — Des abeilles.

— Qui est-ce qui sort de la forêt pour se jeter dans un précipice ? — La rivière.

— Les pierres de mon père que lui seul peut compter ? — Les étoiles.

— Qui est-ce qui appelle tout le monde aux réunions et n'y va jamais ? — La cloche.

Frédéric Christol.

www.ingramcontent.com/pod-product-compliance
Ingram Content Group UK Ltd.
Pitfield, Milton Keynes, MK11 3LW, UK
UKHW020405250726
13967UKWH00006B/2478